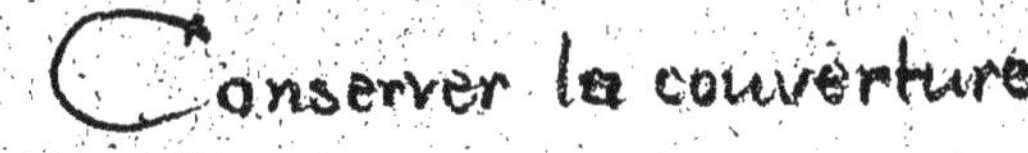

...TS DUS PAR UN FAILLI NON CONCORDATAIRE

DE

LEUR POINT DE DÉPART

DE

LEUR MODE D'IMPUTATION

DANS LE COMPTE PERSONNEL DU FAILLI AVEC CHACUN DE SES CRÉANCIERS,
APRÈS DISSOLUTION DE L'UNION.

PAR

GABRIEL GAULTIER

DOCTEUR EN DROIT

AVOCAT A LA COUR D'APPEL

PARIS

LA PETITE IMPRIMERIE

9, Rue de Clignancourt, 9

1898

DE

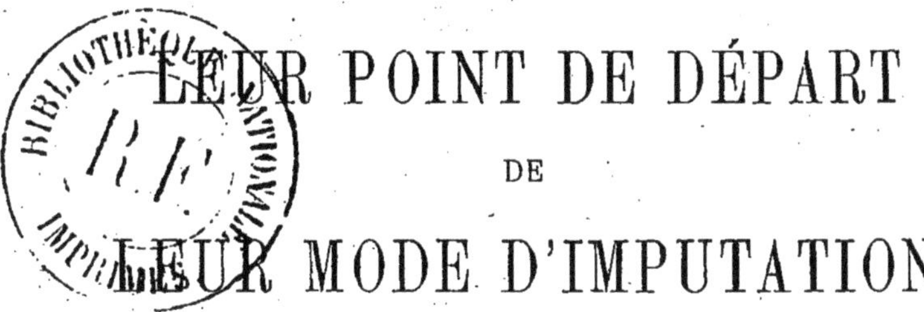

LEUR POINT DE DÉPART

DE

LEUR MODE D'IMPUTATION

DANS LE COMPTE PERSONNEL DU FAILLI AVEC CHACUN DE SES
CRÉANCIERS, APRÈS DISSOLUTION DE L'UNION.

I

1° Le code civil traite des intérêts non conventionnels dans ses art : 1153 et 1154.

L'art. 1153 s'occupe des intérêts *des capitaux*.

Aux termes de cet article les intérêts des capitaux « ne sont dus que du jour *de la demande* ».

La jurisprudence décide qu'il s'agit de la « demande *du capital* ». Cass., 29 nov. 1848 (S. 49. 1. 129.) Cass. 27 fév. 1877 (S. 77. 1. 209) Cass. 24 fév. 1891. Gaz. Pal. 91-1-396. Cass. civ. 17. janv. 93. Gaz. Pal. 3 fév. 93.

Inutile, par conséquent, de faire une demande spéciale des intérêts ; la demande seule du capital suffit pour faire courir les intérêts moratoires.

2° Le Code de commerce, dans son art. 445 stipule que « le jugement déclaratif de faillite arrête, » *à l'égard de la masse seulement* le cours des intérêts de toute créance non garantie par un privilège, par un nantissement ou par une hypothèque ».

La jurisprudence, faisant application pure et simple de cet article décide :

1° Que *le failli*, la faillite étant clôturée, *reste personnellement tenu*, vis à vis de ses créanciers, *des intérêts tant conventionnels que moratoires* de leurs créances — (sauf le cas du concordat et encore si le failli ne veut pas se faire réhabiliter).

2° (Et par analogie avec ce qui avait déjà été jugé en matière d'ordre) que *les intérêts moratoires commencent à courir du jour de la production* à la faillite, qui constitue ainsi la demande en justice de l'art. 1153. Civ. Cass. 17 Janv. 93. Gaz. Pal. 3 Fév. 93.

Points acquis : Il est donc acquis, que, la faillite étant clôturée par la dissolution de l'Union, hypothèse sur laquelle nous allons uniquement raisonner.

Les créanciers qui ont produit et ont été admis à cette faillite (ou liquidation judiciaire) pour le montant de leurs créances, restent créanciers vis à vis du débiteur, outre ce qui peut leur être encore dû en capital, des intérêts de ces créances, tant conventionnels que moratoires.

Si les créances étaient déjà productives d'intérêts, ces intérêts continuent à courir et doivent être calculés vis à vis du failli à partir du jour même de la déclaration de faillite, car à cette époque, ils n'ont été arrêtés, « qu'à l'égard de la masse ».

Si, ces créances n'étaient pas productives d'intérêts, la production à la faillite, équivalant, à l'égard du failli, à une demande en justice du capital, les intérêts moratoires courent, par cela même, du jour de cette production.

II

Le principe d'une dette d'intérêts étant admis et le point de départ de ces intérêts fixé, il reste à examiner si les répartitions de la faillite, qui, *à l'égard de la masse* n'ont pu être faites qu'au prorata de la créance produite en principal, peuvent, *dans le compte personnel du failli avec son créancier*, être imputées par celui-ci d'abord sur les intérêts courus au jour de ces répartitions.

En d'autres termes, quel est vis à vis du failli *personnellement* le mode d'imputation des répartitions reçues par son créancier pendant les opérations de la faillite ?

La solution ne devrait par faire de doute ; l'art. 1254 *in fine* est formel : « Le paiement fait sur le capital et intérêts, mais qui n'est point intégral *s'impute d'abord sur les intérêts* ».

Un exemple très simple fera mieux saisir comment doit s'établir le compte :

Supposons une créance de 100,000 francs pour laquelle il a été produit le 1er Janvier.

A partir de cette production la faillite a distribué quatre répartitions trimestrielles de 25.000 francs soit 100 0/0.

A la dissolution de l'Union le failli est-il libéré ? Non.

Nous savons en effet que la faillite n'a arrêté le cours des intérêts qu'à l'égard de la masse.

Nous savons d'autre part que la production a fait courir les intérêts moratoires contre le failli.

A partir du 1er Janvier la dette est donc vis à vis du créancier personnellement, abstraction faite de la masse, une dette de *capital et intérêts*.

Dès lors, après la dissolution de l'Union, lorsque le créancier se retrouvera en face de son débiteur et dressera son compte pour réclamer ce qui lui est encore dû, ce compte s'établira comme suit :

Le 1er janvier il est dû.......................... et les intérêts commencent à courir au taux de 6 o/o..	100 000 fr.
Le 31 mars ils s'élèvent à.........................	1 500 »
	101.500 »
A cette éqoque est versé une 1re répartition de..... Suivant la règle tracée par l'art. 1254 in fine, elle devra s'imputer d'abord sur les intérêts puis sur une fraction du capital de sorte qu'il restera dû un solde capital.....	25.000 »
	76 500 »
Ce solde capital continue à produire des intérêts soit trois mois après..............................	1.147 50
Total dû................................	77 647 50
Une nouvelle répartition est faite, imputons-la comme ci-dessus...............................	25.000 »
Il reste dû un solde capital de.	52.647.50
	789 7125
et ainsi de suite.................................	53.437.2125
	25.000 »
	28 437.2125
	426.55
	28.863.76
	25.000 »
Soit, toutes répartitions faites, *un solde capital* continuant à produire des intérêts de.....................	3.863 76

Cette solution si simple et si naturelle a été cependant contestée pour avoir méconnu la distinction, pourtant si nettement indiquée par la loi, entre la situation du failli vis à vis de la masse et la situation du failli vis à vis de ses créanciers individuellement considérés, et pour avoir oublié que la faillite, fait du débiteur, n'avait jamais eu pour but de lui permettre de ne point payer ses dettes lorsqu'il était en état de le faire.

Voici les principales objections soulevées :

1re OBJECTION : « Tous les dividendes que le syndic « verse, a-t-on dit, (Mennesson, consultation à Mr Caillet) « constituent *nécessairement* des fractions de capital « puisque, à l'égard de la masse, le jugement déclaratif « de faillite arrête le cours des intérêts art. 445 du Code « de Commerce »

RÉPONSE : La réponse à cette objection est contenue dans la façon même dont elle est formulée : Oui, le cours des intérêts est arrêté par la déclaration de faillite; mais « *à l'égard de la masse* » et à l'égard de la masse seulement. D'où, la conclusion de la jurisprudence relevée plus haut : les intérêts continuent à courir *à l'égard du failli* ; et, il est permis de s'étonner qu'une décision de justice ait été nécessaire pour imposer cette solution, alors qu'elle était écrite en toutes lettres dans l'art. 445. C. C.

« Mais, dit-on, il est impossible au point de vue de « l'imputation, de distinguer le failli de la masse. C'est « avec ses deniers et pour son compte que les paiements « sont faits ; l'organisation de la liquidation d'une faillite « est telle que ni le syndic ni le failli ne peuvent faire un « payement sur des intérêts avant d'avoir payé intégralement « le capital. La loi commerciale caractérise ainsi la nature

« et l'imputation des répartitions faites par le syndic ».

C'est là une erreur complète et l'on méconnaît ainsi le but du législateur. Lorsque dans l'art. 445, il a stipulé que les intérêts ne couraient pas pendant la faillite, à l'égard de la masse, *il n'a nullement songé à règler le mode d'imputation des répartitions*. Son intention a été purement et simplemen de règlementer équitablement le partage de l'actif pour *maintenir l'égalité* entre des créanciers qui n'ont point de privilèges et pour faciliter le partage d'un actif déjà difficile à recouvrer sans avoir à calculer les intérêts, au fur et à mesure, de chaque répartition.

Voilà l'idée maîtresse incontestable qu'il importe de ne pas perdre de vue.

Et dès lors, *la cause cessant l'effet doit cesser.* Lorsque chacun des créanciers qui jamais n'a fait aucune remise au failli, (car nous supposons bien entendu l'état d'union) se retrouve en sa présence, chacun d'eux doit rentrer dans la plénitude de ses droits un instant suspendus mais non éteints.

Voici à cet égard comment s'exprime le savant professeur M. Labbé dans une note remarquable rapportée dans le recueil de Sirey S. 94. 1. 113. «..... Quelle est la la raison de cette disposition (art. 445) qui semble défavorable aux créanciers ? C'est une pensée de simpli-« fication des opérations de la faillite *sans aucune* « *défaveur contre les créanciers*..... le législateur a « voulu *non pas nuire aux créanciers* mais maintenir « intacte et égale leur situation respective tout en

« opérant *une simplification dans les calculs...*

« La ruine du débiteur déclaré en faillite peut amener
« cette triste nécessité d'un payement incomplet pour les
« créanciers dont le gage a disparu ou a été dimiuué.
« Mais cet évènement *ne saurait être pour le débiteur*
« *la source d'un gain, d'une exonération définitive.*
« *Celui-ci doit ce qu'il a promis principal et intérêts.*

En note sous un arrêt antérieur P.1872. 113. M. Labbé
avait déjà résumé dans une formule des plus heureuses
la portée exacte de l'art. 445 : « *Les intérêts n'ont pas*
« *couru à l'égard de la masse de la faillite. Cela veut*
« *dire que la masse de la faillite n'est pas tenue de les*
« *payer : voilà tout.* »

Citons encore à propos d'une espèce rapportée dans
Sirey et sur laquelle nous aurons à revenir S. 63. 1. 205
la note de l'arrêtiste:«Il est du reste à remarquer que cette
« dérogation aux règles sur l'imputation des paiements
« (art. 445) n'a lieu que relativement à la masse *et non*
« *vis à vis du failli personnellement,* parceque c'est
« seulement à l'égard de la masse que le jugement décla-
« ratif de faillite arrête le cours des intérêts. La loi, comme
« l'explique M. Massé, Dr. comm. 2ᵉ édit. T. 3. Nᵒ 1699,
« a voulu arrêter le cours des intérêts relativement à la
« masse dans un but d'équité....Mais, en même temps, et
« pour ne pas ajouter aux pertes que le failli *impose* aux
« créanciers, *elle a voulu maintenir les créanciers dans*
« *leurs droits contre le failli personnellement* en leur
« laissant la faculté d'en faire usage quand les circons-
« tances le leur permettraient. Lors donc que par une

« circonstance quelconque, les créanciers privilégiés ou
« hypothécaires ont recouvré contre le failli l'exercice de
« de leurs droits, *ils peuvent lui opposer, s'ils y ont*
« *intérêt, les règles d'imputation dout ils n'auraient*
« *pu se prévaloir vis-à-vis de la masse.*

L'arrêtiste parle des créanciers privilégiés parcequo,
dans l'espèce annotée par lui il s'agissait spécialement
de créanciers privilégiés; nous retrouverons d'ailleurs
cette hypothèse plus loin; mais ce qu'il dit, s'applique,
et pour les mêmes raisons, aux créanciers chirographaires
simples.

Voilà donc établies à l'aide des autorités les plus indis-
cutables les propositions suivantes :

1° «Les intérêts ne courent pas vis à vis de la massse»
veut dire tout simplement qu'il n'y a aucun compte à en
tenir pour la répartition au marc le franc de l'actif réalisé.

2° La faillite ne saurait exonérer le débileur de sa
dettc ni préjudicier au créancier si le failli revient à la
tête de ses affaires.

3° Si les réalisations de l'actif permettent de verser aux
créanciers 100 0/0, du montant des productions, la faillite
est alors cloturée, et le failli redevient un débiteur ordinaire.
Les créanciers recouvrent tous leurs droits, spécialement, au
point de vue de l'imputation des répartitions. Ils auront
dès lors le droit de les considérer comme des versements
partiels imputables suivant les règles du droit commun,
c'est-à-dire « de manière à absorber les intérêts échus
lors de chaque payement d'accompte ». Colmar 19 Mai 1822.
D. codes annotés art. 1354 N° 4. J. G. Obligat. 2.011.

Si nous cherchons maintenant des applications pratiques de ces principes, nous en trouvons dans une matière voisine de la nôtre et qui a déjà servi à des raisonnements d'analogie, notamment en ce qui concerne le point de départ des intérêts moratoires, nous voulons parler de l'ordre et des contributions.

Là aussi il y a un actif à partager, actif souvent insuffisant ; comment s'imputeront les répartitions ? suivant le droit commun, répond la jurisprudence.

« Au cas où un créancier de plusieurs sommes a été « colloqué dans un ordre sur l'ensemble de ses créances « sans distinction, si la quittance du bordereau de « collocation ne contient aucune imputation, cette « imputation doit, *selon la règle du droit commun,* « se faire sur la dette que le débiteur est reconnu par les « juges avoir le plus d'intérêt à acquitter. Cass. 20 Mai 1862. S. 63-1-91. P. 63-600. D. 62-1-507. FuzierHermann. art. 1256 N° 27. D. Code ann. 1256. 40. Un arrêt de la même année cass. civ. 25 Nov. 62. D. 63-1-19. semble dire le contraire, mais il s'agissait dans l'espèce d'un *réglement amiable* ainsi que cela est souligné dans le Dalloz, or il est bien évident que les parties peuvent par des conventions amiables changer l'imputation légale ; aussi, notre thèse qui est vraie au cas d'union ne le serait-elle plus au cas de concordat.

L'union offre en effet les mêmes caractères que l'ordre pur et simple : il s'agit purement et simplement d'un partage au marc le franc entre les différents créanciers qui reprendront individuellement leurs droits respectifs une fois la faillite clôturée c'est ce qui est écrit en toutes lettres dans l'art. 565 C. com. « Le montant de l'actif « mobilier..... *sera réparti* entre tous les créanciers *au* « *marc le franc* de leurs créances vérifiées et affirmées » Il s'agit donc comme dans l'ordre d'une *répartition sans affectation spéciale* ; comme dans l'ordre, par conséquent, cette affectation devra suivre le droit commun (lorsque cela sera possible, c'est-à-dire lorsqu'il n'y aura plus de masse, ce qui est le cas sur lequel nous raisonnons toujours il ne faut pas l'oublier ».

Nous allons plus loin ; à la rigueur, nous admettrions fort bien que les règles de l'imputation légale cessent de s'appliquer lorsque le créancier produit soit à un ordre soit à une faillite pour un ensemble de créances totalisées, parceque le seul fait d'avoir présenté ce total peut paraître emporter virtuellement une application proportionnelle à toutes les dettes.

Ce n'est point ce qui a été jugé ; les juges ne présument pas facilement qu'on renonce à un droit, mais enfin nous aurions compris une telle décision.

Au contraire, ce qu'on n'admettra jamais, c'est que la répartition ne s'impute pas d'abord et avant tout sur les intérêts de ces créances. Cela a été *jugé* pour l'ordre. Labori. Ordre n° 392 « Lorsque l'ordre n'a pas spécifié le mode d'imputation, c'est le cas d'appliquer les prescriptions de l'art. 1254, aux termes duquel le paiement qui n'est pas intégral s'impute d'abord sur les intérêts : Lyon 6 Fév. 1890 (D. 91. 2. 377) » Nous appliquerons cette solution par analogie au cas d'Union.

La raison de la différence possible d'application des règles de l'imputation légale suivant qu'il s'agit de l'art. 1256 ou de l'art. 1254, provient de la différence des hypothèses prévues par ces deux articles. Le premier vise le cas de plusieurs créances. On peut alors exactement parler d'imputation, car imputer c'est choisir ; dans l'art. 1254 au contraire le terme imputation est improprement employé : un capital et ses intérêts ne forme pas deux dettes, mais une seule et même dette comprenant un principal et un accessoire qui devra toujours être payé de préférence au principal. Voici, à cet égard, comment s'expriment les Pandectes de Rivière, n° 3.446 :

« La dette des intérêts et du capital ne constituent pas
« deux dettes distinctes, mais ne sont que les deux objets
« d'une même dette ; il n'y a donc pas lieu à l'imputation
« puisque celle-ci suppose essentiellement le concours
« de plusieurs dettes..... D'un autre côté l'imputation
« que le débiteur prétendrait faire sur le capital, par
« préférence aux intérêts, serait contraire à la convention
« tacite des parties et à l'équité. Il résulte en effet,
« de cette convention que, si l'objet accessoire de la
« dette, c'est-à-dire les intérêts, peut être prêté distinc-
« tement, *il doit aussi être payé avant tout, sous peine*
« *de violer la loi du contrat, sinon on arriverait à*
« *substituer, au détriment du créancier, au capital*
« *qui devait produire des intérêts, un autre objet qui*
« *n'est plus susceptible d'en produire ou qui n'en*
« *produira que dans des conditions plus difficiles.* »

Nous aurons à revenir sur cette dernière idée très

intéressante ; retenons de ce qui précède : que l'union a infiniment d'analogie avec l'ordre ; que les décisions de justice rendues dans la matière de l'ordre peuvent donc être à bon droit invoquées dans les cas analogues pouvant se produire en état d'Union ; qu'en matière d'ordre les répartitions doivent s'imputer conformément au droit commun sans contestation pour l'art. 1254 avec contestation possible pour l'art. 1256 ; que par conséquent il en doit être de même pour les répartitions faites par le syndic de l'Union. Si le failli revient à la tête de ses affaires, comme il n'y aura plus aucune raison de restreindre les droits de son créancier, celui-ci aura certainement le droit d'imputer les répartitions reçues d'abord sur les intérêts de sa créance au fur et à mesure des versements.

Nous avons ainsi répondu en doctrine et en jurisprudence à la 1re objection qui nous était faite.

IIe OBJECTION. — Il est de doctrine « que si le débiteur « a déclaré payer sur le capital, le créancier qui a reçu « à cette condition ne peut plus contester l'imputation. « Toullier, t. VII, n° 175, Rolland de Villargues, n° 10, « Duranton, t. 12, n° 192 in fine et qu'il en est de même « lorsque d'un acte quelconque émané du créancier, « il résulte qu'il a consenti à ce que l'imputation se fit « d'abord sur le capital. Larombière, art. 1254, n° 3. »

RÉPONSE. — Nous ne contestons nullement la première partie de cette proposition dont la portée est limitée par la deuxième partie. Oui le créancier qui a reçu de son débiteur un paiement partiel imputable sur le capital et qui l'a reçu à cette condition ne peut plus se réclamer de l'art. 1254, mais encore faut-il, répondons-nous tout d'abord, qu'il ait *« consenti à ce que l'imputation se fît d'abord sur le capital »*, qu'il y ait eu une acceptation *volontaire* de sa part.

Or, à aucun point de vue, la situation qui est faite au créancier par la faillite ne peut être considérée comme *volontaire*, et particulièrement au cas d'Union où le créancier refuse tout arrangement, demande sa part au marc le franc sans affectation spéciale, avec l'espoir, que le failli va rentrer à la tête de ses affaires, et que dès lors, redevenant son débiteur pur et simple, il lui soldera son dû, principal et intérêts suivant le règles du droit commun.

L'objection tombe donc d'elle-même. En ne tenant aucun compte de cette objection nous ne faisons qu'appliquer ce principe si nettement exprimé dans les extraits que nous avons cités à l'appui de notre réponse à la 1re objection à savoir : que la loi « a voulu maintenir les « créanciers dans leurs droits contre le failli *personnelle-* « *ment en leur laissant la faculté d'en faire usage* « *quand les circonstances le leur permettraient »*. Il a été fait une application intéressante de ce principe : un créancier se trouvant dans la situation que nous avons prise pour base de ce mémoire, c'est-à-dire, se trouvant en face d'un sien débiteur dont la faillite a donné cent pour cent et qui se retrouve à la tête de ses affaires, lui réclame les intérêts de sa créance depuis la production à la faillite ; la faillite ayant duré plus de cinq ans, il se voit opposer la prescription quinquennale; mais le Tribunal de la Seine, confirmé par un arrêt de la cour de Paris 3e ch. 12 nov. 1896 Gaz. Trib. 13 Fév. 97, fait justice de cette objection dans des termes qu'il faut retenir : «..... attendu qu'il convient. « de remarquer qu'en édictant le principe contenu dans « cet article (art. 2. 277 C. c. sur la prescription quin- « quennale) le législateur a eu pour but unique d'empêcher « que les débiteurs ne fussent ruinés par des arrérages « accumulés du *fait volontaire de leurs créanciers :* « Que cette circonstance ne se rencontre pas dans « l'espèce soumise au Tribunal ; qu'en effet, si la somme « réclamée a pour cause des intérêts, ces intérêts se sont « accumulés pendant que les opérations de la faillite « étaient en suspens, c'est-à-dire *durant une période où* « *les demandeurs ne pouvaient en exiger le paiement* « et où la prescription ne pouvait les atteindre ». Cour de Paris, 1er déc. 92). Généralisons et concluons que la faillite, fait du débiteur, ne saurait nuire en quoi que ce soit au créancier lorsque les évènements ont démontré que ses effets provisoires ont perdu leur raison d'être par le rétablissement du failli à la tête de ses affaires.

C'est toujours le même principe exprimé sous une autre forme et c'est la réponse formelle à l'objection soulevée. Pendant la faillite le créancier a dû se contenter de ne toucher des répartitions qu'au prorata du capital de sa créance; mais ce n'était qu'un état provisoire, *conditionnel*, involontaire, et si les évènements démon- traient qu'il avait aussi droit aux intérêts, il y aurait droit comme s'il n'y avait point eu faillite sans qu'on puisse lui opposer ce qu'il a été contraint de subir. Voilà pourquoi il pourra imputer les répartitions reçues conformément à l'article 1254.

IIIe Objection « Pour que l'imputation sur les intérêts ait lieu, il faut que ces intérêts soient liquides et exigibles, or ils ne sont pas exigibles puisque le cours des intérêts est arrêté ».

Réponse. Nous répondrons comme pour la 1re objection cela est vrai à l'égard de la masse seulement. Ce qu'on ne veut pas comprendre c'est que, pendant cet état provisoire, conditionnel qui maintient les créanciers en respect, *parallèlement* se poursuit le compte personnel du créancier et de son débiteur. On l'a pourtant bien admis pour le cours des intérêts, il faut aller jusqu'au bout des conséquences de ce parallélisme.

D'ailleurs n'est-il pas plus exact de dire que momentanément les intérêts ne sont pas *recouvrables* contre le failli tant qu'il sera failli ? car en eux-mêmes, ces intérêts sont si bien liquides, si bien exigibles que le créancier va pouvoir les réclamer à la caution (art. 545 c com.) et que la caution si elle a totalement désintéressé le créancier, pourra produire à son tour à la faillite pour ce qu'elle aura payé, principal et intérêts (544. c. com. 2028. 2029. c. c).

Mieux que cela, supposons deux codébiteurs solidaires, l'un deux, ce qui arrive souvent, n'est en réalité qu'une caution vis à vis de l'autre Le débiteur principal tombe en faillite, le créancier touche, en plusieurs répartitions, cent pour cent ; il peut alors fort bien se retourner vers le codébiteur solidaire et lui dire : vous êtes tenu de toute la dette, principal, intérêts et frais aux termes du droit commun. Or, aux termes du droit commun, comme j'ai reçu plusieurs versements partiels de votre codébiteur je les ai imputés au fur et à mesure d'abord sur les intérêts produits dans l'intervalle de chaque répartition, il reste donc un solde capital que vous me devez.

Nous ne voyons pas quelle objection pourrait faire le codébiteur, il paiera ; mais comme vis à vis de son coobligé il n'est en réalité qu'une caution, il se retournera contre lui et l'ancien failli devra verser le montant de ce solde.

Pourquoi donc ne pas pouvoir lui réclamer directement ce qu'il va être ainsi obligé de payer indirectement ?

Voilà une application des l'art. 544, 545. c. com. 2.028, 2029. c. c. qui, à notre avis, est de nature à retirer toute hésitation.

Relevons pour terminer une application de l'art. 552. c. com. qui nous fournit un puissant argument. Voici l'espèce rapportée dans les Codes annotés de Fuzier-Hermann sous l'art. 1254 :

« N° 13 « Au cas où le créancier d'une faillite qui avait « en même temps une hypothèque sur les biens d'un « coobligé, vient, après avoir obtenu une collocation « *partielle* en principal et intérêts dans l'ordre ouvert « sur le prix de ces biens, se présenter à la masse « chirographaire de la faillite pour concourir à la distri-« bution, il est en droit d'y figurer pour tout ce qui lui « reste dû, *sans être tenu d'imputer ce qu'il a touché*

« sur le *principal de sa créance*, préférablement
« aux intérêts courus *depuis la faillite* jusqu'à la
« clôture de l'ordre ; les créanciers chirographaires invo-
« queraient en vain, dans cette hypothèse, le principe
« qui, à l'égard de la masse, arrête au jour de la faillite le
« le cours des intérêts de toute créance chirographaire.
« Cass. 26 déc. 71 (S. 72. 1. 49 ; P 72. 113. et la note de
« de M. Labbé P. p. 73. 1. 145) V. c. comm. art. 445 ; »
même sens : Cass. civ. S. 78. 1. 68. Boistel, précis de
droit comm. p. 600. Laroque Sayssinel faillite n° 278 :
Labbé observation S. 72. 1. 49 ; Larombière sur l'art.
1254 n° 4 ; Alauzet Comment. c. comm. t. 7. n° 2 492 ;
Laurent t. 17. n° 605.

« N° 14 Plus succinctement, le créancier hypothécaire
« qui a reçu un paiement dans la masse hypothécaire, et
« qui se présente pour participer à raison de ce qui lui
« reste dû dans la masse chirographaire, a le droit
« d'imputer son paiement partiel d'abord sur les intérêts
« de sa créance courus depuis la faillite. (Cass.
« 12 Juillet 1876 ; S. 78. 1. 68 ; P. 78. 1. 144 ;
« D. 77. 1. 305). (Poitiers 30 Juillet 78 S. 78. 2. 176 :
« P. 78. 730. D. 78. 2. 70). Sic, Alauzet Comment. du
« code comm. t. 7 n° 2.492. Laroque Sayssinel, des
faillites n° 278.

L'arrêt de 71 est accompagné, dans le Journal du
Palais, d'observations de M Labbé dont nous détachons
le passage suivant :

« ... L'immeuble hypothéqué est, pour le créancier,
« comme un débiteur accessoire : res obligatur, disaient

2

« les Romains. Le créancier s'adresse à l'immeuble
« comme il s'adresserait à une caution. Or, agissant contre
« une caution du failli le créancier pourrait dire :
« *Payez-moi d'abord les intérêts, même les intérêts*
« *courus depuis la déclaration de faillite* du débiteur
« principal. Dans la quittance fournie par le créancier
« recevant une somme insuffisante pour le désintéresser
« complètement, celui-ci dirigerait à bon droit l'impu-
« tation d'abord sur les intérêts. Le créancier agit de
« même contre l'immeuble hypothéqué, il exige d'abord
« les intérêts de sa créance, recevant le montant d'une
« collocation en partie inefficace à raison de l'insuffisance
« du prix, il peut déclarer dans sa quittance que l'impu-
« tation se fera d'abord sur les intérêts dûs hypothécaire-
« ment. C'est pour lui un droit; *qu'il le déclare ou non,*
« l'imputation est ainsi dirigée par la loi ».

Ces arrêts et les observations qui les accompagnent
détruisent complètement la dernière objection soulevée :
comment soutenir maintenant que les intérêts échus
depuis la faillite ne sont pas liquides et exigibles, alors
non seulement qu'on va pouvoir les réclamer à une
caution ainsi que nous l'avions dit déjà, *mais indirec-*
tement à la masse elle-même ? En effet, le créancier
hypothécaire, qui n'a reçu qu'un paiement partiel, imputant ce paiement d'abord sur les intérêts échus depuis
la faillite et pouvant se retourner ensuite contre la
masse pour le solde capital qui lui reste dû, fait supporter
définitivement à la masse les intérêts qu'il a touchés.

C'est ce qui avait d'abord arrêté la jurisprudence,

mais elle a passé outre et d'une façon bien nette et définitive, unanimement approuvée par les auteurs. L'idée dominante c'est que l'art. 445 étant une limite aux droits des créanciers doit être strictement restreint à ses effets indispensables et doit céder devant une garantie réservée expressément par la loi comme dans l'art. 552, C. comm.

Cela est si vrai que, lorsqu'en 1862 la jurisprudence sembla admettre la solution contraire à celle qu'elle devait définitivement adopter, l'arrêtiste, craignant sans doute qu'on exagérât la portée de cette décision, l'accompagna d'une note (S 63. 1. 205) qui nous est si favorable, reproduite plus haut in extenso et se terminant ainsi... *« Lors donc que pour une circonstance quelconque, « les créanciers privilégiés ou hypothécaires ont « recouvré contre le failli l'exercice de leurs droits, « ils peuvent lui opposer s'ils y ont intérêt, les règles « d'imputation dont ils n'auraient pu se prévaloir « vis-à-vis de la masse. »*

Ce sera notre conclusion ; ce que dit l'arrêtiste des créanciers hypothécaires est vrai aussi des créanciers chirographaires purs et simples, parce que l'état de faillite n'est que transitoire, parce qu'il ne peut nuire inutilement aux créanciers, parce qu'enfin, il est écrit expressément dans la loi, art. 539, C. com., que les créanciers reprennent tous leurs droits sur le failli rétabli à la tête de ses affaires.

Cette solution nous paraît donc conforme à tous les principes généraux de la matière et à la pensée nettement exprimée du législateur (art. 445) de laisser exister parallèlement : un compte débiteur-créancier et un compte failli et masse. Ce parallélisme produira tous ces effets au cas de co-obligés, au cas de l'art. 552, au cas plus rare et qui est le nôtre où l'Union ayant produit 100 0/0 le failli se retrouve à la tête de ses affaires, au cas enfin où le failli veut se faire réhabiliter.

Après ces explications nous concluons donc :

A) Au point de vue du cours des intérêts pendant la faillite et de leur point de départ :

1º L'état de faillite n'empêche nullement les intérêts de de courir vis à vis du failli personnellement.

2º Ces intérêts devront être comptés :

a) du jour de la déclaration de faillite pour les créances productives d'intérêts à cette date, car ils ont continué à courir.

b) Du jour de la production pour les créances non productives d'intérêt, la production ayant fait courir les intérêts moratoires.

B) Au point de vue du mode d'imputation des répartitions :

1º Le créancier est en droit, vis-à-vis du failli personnellement d'imputer les répartitions d'abord sur les intérêts échus au moment de chaque versement.

2º Le compte personnel qui s'établit ainsi entre le créancier et le failli se solde par un reliquat capital continuant à produire des intérêts, et que le créancier pourra réclamer après la dissolution de l'Union.

III

FAITS — APPLICATION DES PRINCIPES CI-DESSUS

La Grande Compagnie d'assurances fut mise en faillite par jugement du Tribunal de commerce de la Seine en date du 7 juin 1884.

Le syndic de la faillite fit prononcer par un jugement en date du 18 Janvier 1889 (Gaz. trib. 23 Août 89) la nullité de la dite société, et déclarer ses fondateurs, administrateurs et la société des Dépôts et Comptes Courants solidairement responsables de cette nullité et du passif de la dite Grande Compagnie.

Ce jugement fut confirmé par arrêt de la 3e Chambre de la cour de Paris en date du 8 Août 1889.

La responsabilité des administrateurs et fondateurs de la Grande Compagnie et de la société des Dépôts et Comptes Courants fut encore étendue par arrêt de la cour de Paris, même chambre, en date du 1er déc. 92. Cet arrêt décida que la condamnation prononcée par la cour le 8 Août 1889 contre la société des Dépôts et Comptes Courants était la réparation du préjudice souffert par tous les ayant-droit de la Grande Compagnie d'assurances (c'est-à-dire ses créanciers) et que le préjudice souffert n'était par représenté seulement par l'importance en principal de leurs créances, mais aussi par la perte *des intérêts de ce capital* depuis le jour où ils avaient fait constater la légitimité de leurs doits.

La société des Dépôts et Comptes Courants, en d'autres termes, était substituée à la Grande Compagnie pour le paiement de tout le passif, principal et intérêts.

Cette substitution eut pour effet de permettre aux créanciers de la Grande Compagnie de toucher des mains du syndic de la faillite de cette Société une somme totale de dividendes égale au montant en principal de leurs créances affirmées, mais non les intérêts de ces créances dont le cours avait cessé à l'égard de la masse.

La société des Dépôts et Comptes Courants dut déposer son bilan. Elle est actuellement en liquidation judiciaire (21 nov. 1892) et l'état d'Union est le régime de cette liquidation.

Tels sont les faits; appliquons-leur nos principes.

Si la Grande Compagnie eut continué d'exister, elle aurait dû être considérée comme le débiteur revenu à la tête de ses affaires, auquel chaque créancier aurait pu réclamer les intérêts de ses créances : depuis la déclaration de faillite, si elles étaient déjà productives d'intérêts à cette époque ; depuis la production à la faillite pour les intérêts moratoires.

La Grande Compagnie ayant été déclarée nulle, la société des Dépôts et Comptes Courants ayant été déclarée responsable de tout son passif, principal et intérêts, en un mot ayant dû se substituer à elle, les créanciers ont donc pu légitimement s'adresser à la société des Dépôts pour réclamer les intérêts auxquels ils avaient un droit incontestable.

Mais comment ont-il dû établir le décompte de ces

intérêts? En dressant entre chaque créancier de la société des dépôts devenue le véritable débiteur, un compte d'après les règles posées dans notre 1ʳᵉ partie, c'est-à-dire considérant chacune des répartitions reçues dans la faillite de la Grande Compagnie comme s'imputant d'abord sur les intérêts courus depuis la répartition précédente, de sorte que le reliquat qui était dû était un solde capital continuant à produire des intérêts dont le point de départ remontait à la déclaration de faillite ou à la production à la faillite de la Grande Compagnie, suivant que les créances étaient ou n'étaient pas productives d'intérêts lors du jugement déclaratif de faillite. C'est dans ces conditions que le groupe Simondet et Compagnie a produit à la liquidation judiciaire de la société des Dépôts et Comptes Courants.

Le compte de chaque créancier de ce groupe a été établi comme nous venons de l'indiquer. Chacun d'eux, par conséquent, a produit à la liquidation judiciaire de la société des Dépôts et Comptes Courants *pour un solde capital productif d'intérêts*. Il a été admis sous cette forme, a affirmé ses créances sur cette forme.

C'est là un point définitivement acquis. Mais les intérêts que produisait ce solde capital et que la liquidation judiciaire a arrêtés à l'égard de la masse, ont continué à courir vis à vis de la société des Dépôts et et Comptes Courants débitrice ; de sorte qu'après *la dissolution de l'Union*, le groupe Simondet et Cⁱᵉ pourra encore réclamer à la société des Dépôts les intérêts de la créance que nous venons de caractériser, et, établir vis à vis de cette société un compte où il imputera chaque répartition d'abord sur les intérêts échus.

C'est ce droit que l'on conteste et c'est cette contestation qui a motivé ce mémoire :

« OBJECTION. La Grande Compagnie ayant payé inté-
« gralement le capital de ses créances, la production à la
« liquidation judiciaire de la société des Dépôts et
« Comptes Courants n'a pu être qu'une production
« d'intérêts. Or les intérêts ne produisent eux-mêmes des
« intérêts que si il y a une demande formelle de ces
« intérêts et la production du groupe Simondet ne contient
« nullement cette demande spéciale ».

RÉPONSE. Les principes que nous avons établis dans notre 1re partie font tomber facilement l'objection.

Les répartitions de l'actif de la Grande Compagnie *n'ont point payé le capital des créances*, elles ont été purement et simplement une répartition au marc le franc de l'actif réalisé sauf affectation à faire par chaque créancier. Cette affectation, les évènements ont permis aux créanciers de la faire suivant les règles du droit commun, c'est-à-dire, d'abord sur les intérêts. En effet, grâce à la substitution de la société des Dépôts et Comptes Courants à la Grande Compagnie le montant des produc-tions a été couvert, la masse a disparu, chaque créancier s'est retrouvé vis à vis d'un débiteur pur et simple à l'égard de qui les intérêts n'ont pas cessé de courir et à l'égard de qui l'imputation de ces répartitions doit se faire d'après les règles du droit commun. De sorte que à la dissolution de l'Union de la Grande Compagnie, le compte personnel du créancier et du débiteur s'est soldé *par un reliquat capital* continuant à produire des intérêts.

C'est ce solde capital que le groupe Simondet a réclamé à la société des Dépôts et Comptes Courants, débiteur substitué, tombé en liquidation judiciaire.

Cette liquidation judiciaire a arrêté le cours des intérêts vis à vis de la masse, mais non pas à l'égard de la société des Dépôts débitrice, vis à vis de laquelle ces intérêts simples ont continué à courir (art. 545).

Il est donc inexact de dire que le groupe Simondet a produit pour des intérêts et dès lors l'objection tirée des règles de l'anatocisme tombe d'elle-même.

Nous ne faisons ainsi qu'appliquer les principes que nous croyons avoir solidement établis, mais, dans l'espèce, les faits viennent singulièrement aider le droit.

Sous quelle forme en effet le groupe Simondet et Cie a-t-il produit à la liquidation judiciaire de la société des Dépôts et Comptes Courants ?

Sous forme d'un reliquat de compte établi d'après nos principes et se soldant par du capital.

Prenons comme exemple sa production au nom de la Russich (Voir in fine).

Dans cette production le compte est bien établi suivant nos règles, les répartitions ont bien été imputées d'abord sur les intérêts courus depuis la précédente distribution, le solde est donc bien sans discussion possible un solde *capital*.

Cette créance a *été produite, admise et affirmée* sous cette forme et il en est ainsi de toutes les autres créances du même groupe.

La société des Dépôts est donc singulièrement mal venue à venir dire aujourd'hui qu'on ne lui a réclamé que des intérêts et que ces intérêts ne sauraient produire d'intérêts sans une demande spéciale.

Il a été passé entre elle et le groupe Simondet un véritable contrat judiciaire sur lequel il est impossible de revenir.

C'est un point incontestable en doctrine et en jurisprudence: Rivière, Pandectes françaises Contrat judiciaire n° 19 : « *jugé que l'admission et l'affirmation d'une créance* sans protestation ni réserve, constituent *un contrat judiciaire* faisant obstacle *à toute contestation ultérieure* sauf le cas de dol ou de fraude, qu'en conséquence, une créance hypothécaire admise et affirmée ne peut être ensuite contestée, par le motif, soit que l'inscription *serait périmée*, soit qu'elle n'aurait été prise que postérieurement au jugement déclaratif *et que l'admission aurait été le résultat d'une erreur de fait ou de droit* (Trib. comm. Angoulême 4 Fév. 86 Journal des faillites 1886, p. 92). V. infra. v° Faillite »

Voici l'attendu intéressant de ce jugement :

« Attendu, en droit, que, quelle que puisse être la valeur intrinsèque desdites inscriptions, l'admission et l'affirmation d'une créance sans protestations ni réserve, *crée entre tous les créanciers un contrat judiciaire ayant sa valeur et son autorité propres, et opposant*

un obstacle absolu à toute contestation ultérieure ;
« que la créance est *définitivement reconnue*, tant quant
« à son existence *que quant à sa nature* et à sa quotité,
« lesquelles ne peuvent plus faire l'objet d'aucune
« distinction et être remises en question ».

Req. 19 Fév. 1850, D. P. 51. 5. 261.

Req. 8 Avril 1851, D. P. 51. 1. 121.

Req 11 Avril 1853, D. P. 54. 1. 308.

Civ. 1er Mai 1855, D. P. 55. 1. 311.

Req. 25 Fév. 1861, D. P. 61. 1. 200.

Req. 25 Fév. 1862, D. P. 62. 1. 295.

Req. 15 Déc. 1863, D. P. 64. 1. 108.

Req. 28 Juin 1870, D. P. 71. 1. 334.

Civ. 3 Juil. 1872, D. P. 72. 1. 229.

Req. 17 Fév. 1873, D. P. 73. 1. 298.

Req. 18 Mars 1874, D. P. 76. 1. 388.

Cass. 19 Mars 1879, S. 79. 1. 272.

Cass. 8 Mars 1882, D. 82. 1. 405.

Req. 28 Avril 1891.

Cour de Paris 5e Ch. 24 Mars 1892.

Cour de Paris 7e Ch. 21 Juin 1893, D. 93. 2. 470

Cass. 24 Avril 1894, D. 95. 1. 243 (c'est la sociéte des
Dépôts elle-même qui fait juger ce principe à son profit).

Voir au surplus sur ce point, que personne ne songe
à contester sérieusement aujourd'hui, D. Jur. Gén.
Supplément, v° Faillites et banqueroute n°s 877 et suiv.
et spécialement n°s 878 et 879, avec les nombreuses
autorités citées.

Nous ne saurions trop insister sur ces conséquences

du contrat judiciaire passé entre le groupe Simondet et la société des Dépôts qui rend à nos yeux toute résistance incompréhensible.

CONCLUSION

Il ne nous reste plus qu'à traduire en chiffres, l'application que nous venons de faire à notre espèce des principes posés dans notre 1re partie.

En conséquence, et prenant comme exemple la créance de la société la Russich, après la dissolution de l'Union de la liquidation judiciaire de la société des Dépôts et Comptes Courants, chaque créancier du groupe Simondet et Cie aura le droit de réclamer au liquidateur social de la société le paiement du solde de sa créance en l'établissant ainsi qu'il suit :

Cette créance a été admise le 3 novembre 1893 au passif de la liquidation judiciaire des Dépôts et Comptes courants pour............ 32.794 24

Suivant le décompte de cette production admise, cette créance s'élevait au 21 novembre 1892, date de la mise en liquidation judiciaire de ladite société des Dépôts et Comptes Courants, à la somme de.... 51.353 06

Il y a lieu de continuer ce décompte ainsi qu'il suit : en calculant les intérêts à 6 o/o l'an.

Intérêts du 21 novembre 1892 au 12 janvier 1893.	427 94	427 94
Total.................		51.781 00
12 janvier 1893. Encaissé 6e répartition de 5 o/o de la Grande Compagnie		3 568 91
Reste dû........		48.212 09
Intérêts du 12 janvier 1893 au 28 août 1893..	1.815 98	1 815 98
Total..............		50 028 07
28 août 1893. Encaissé 7° répartition de 21 o/o de la Grande Compagnie....................		14 989 20
Reste dû.........		35.038 87
Intérêts du 28 août 1893 au 24 janvier 1894..	846 77	846 77
Total.............		35.885 64
24 janvier 1894. Encaissé de la liquidation des Dépôts et Comptes Courants 1re, 2° et 3° répartitions de 28 o/o sur 32.794 fr. 95 montant de l'admission...............................		9 182 60
Reste dû........		26.703 04

	INTÉRÊTS.	CRÉANCES.
Reports....	3.090 69	26.703 04
Intérêts du 24 janvier 1894 au 16 juillet 1896..	765 49	765 49
Total..........		27.468 53
16 janvier 1894. Encaissé des Dépôts et Comptes Courants, 4ᵉ répartition de 3 o/o................		983 05
Reste dû........		26 484 68
Intérêts du 16 juillet 1896 au 5 février 1895..	878 38	878 38
Total..........		27 363 06
5 février 1895. Encaissé des Dépôts et Comptes Courants, 5ᵉ répartition de 9 o/o.............		2 951 55
Reste dû........		24 411 51
Intérêts du 5 février 1895 au 13 juillet 1893...	644 13	644 13
Total..........		25.055 64
13 juillet 1895. Encaissé des Dépôts et Comptes Courants, 6ᵉ répartition de 6 o/o.........		1.967 70
Reste dû..........		23.087 94
Intérêts du 13 juillet 1895 au 1ᵉʳ mars 1896...	877 34	877 34
Total..........		23.965 28
1ᵉʳ mars 1896. Encaissé des Dépôts et Comptes Courants, 7ᵉ répartition de 4 o/o..............		1.311 80
Reste dû........ .		22.653 48
Intérêts du 1ᵉʳ mars 1896 au 15 février 1897..	1.152 54	1.152 54
Total............		23.806 02
15 février 1897. Encaissé des Dépôts et Comptes Courants, 8ᵉ répartition de 10 o/o.............		3 279 49
Reste dû.........		20.526 53
Intérêts du 15 février 1897 au 31 décembre 1897 *Epoque*................................	1.077 60	1 077 60
Total solde au 31 décembre 1897 21.604 fr. 13,	8.486 17	21.604 13

plus avec intérêts 3 6 o/o l'an de cette date au paiement.

Le montant de l'admission était de..........		32.794 95
Intérêts................................		8.486 17
Il a été encaissé :		
Des Dépôts et Comptes Courants...... 60 o/o	19.676 97	
Reste à émettre — 40 o/o. 13.117.98 à recevoir après dissolution de l'Union de la société des Dépôts et Comptes Courants.................... .... 8 486 17		
Intérêts du solde du 31 décembre 1897 au paiement.................... 21.604 15 Mémoire.		21.604 15
Totaux		41.281 12 41.281 12

PARIS

LA PETITE IMPRIMERIE

9, Rue de Clignancourt, 9

1898